# BEI GRIN MACHT SICH IHR WISSEN BEZAHLT

AF144608

- Wir veröffentlichen Ihre Hausarbeit, Bachelor- und Masterarbeit

- Ihr eigenes eBook und Buch - weltweit in allen wichtigen Shops

- Verdienen Sie an jedem Verkauf

Jetzt bei www.GRIN.com hochladen und kostenlos publizieren

**Josef Gutsmiedl**

# Das CAPM als Modell zur Bestimmung risikoäquivalenter Kapitalkosten

GRIN Verlag

**Bibliografische Information der Deutschen Nationalbibliothek:**

Die Deutsche Bibliothek verzeichnet diese Publikation in der Deutschen National-
bibliografie; detaillierte bibliografische Daten sind im Internet über http://dnb.d-
nb.de/ abrufbar.

**Impressum:**

Copyright © 2010 GRIN Verlag GmbH
Druck und Bindung: Books on Demand GmbH, Norderstedt Germany
ISBN: 978-3-640-89641-7

**Dieses Buch bei GRIN:**

http://www.grin.com/de/e-book/170720/das-capm-als-modell-zur-bestimmung-risi-
koaequivalenter-kapitalkosten

**GRIN - Your knowledge has value**

Der GRIN Verlag publiziert seit 1998 wissenschaftliche Arbeiten von Studenten, Hochschullehrern und anderen Akademikern als eBook und gedrucktes Buch. Die Verlagswebsite www.grin.com ist die ideale Plattform zur Veröffentlichung von Hausarbeiten, Abschlussarbeiten, wissenschaftlichen Aufsätzen, Dissertationen und Fachbüchern.

**Besuchen Sie uns im Internet:**

http://www.grin.com/

http://www.facebook.com/grincom

http://www.twitter.com/grin_com

# Das CAPM als Modell zur Bestimmung risikoäquivalenter Kapitalkosten

Autor: Josef Gutsmiedl

# INHALTSVERZEICHNIS

# Abbildungsverzeichnis

# Abkürzungsverzeichnis

| | |
|---|---|
| Abb. | Abbildung |
| bzgl. | bezüglich |
| CAPM | Capital Asset Pricing Modell |
| d. h. | das heißt |
| KML | Kapitalmarktlinie |

# Symbolverzeichnis

| | |
|---|---|
| $B_{ig}$ | systematisches Risiko einer Anlage |
| $E_{Rp}$ | erwartete Rendite der Anlage P |
| $i$ | risikoloser Zinssatz / Basiszinssatz |
| $g$ | Anlage in das effiziente Marktportfolio |
| $U$ | individueller Nutzen |
| $E_R$ | erwartete Rendite |
| $P$ | risikolose Geldanlage |
| $\sigma_R$ | Standardabweichung / Risiko von der erwarteten Rendite |
| $\sigma_{Rp}$ | Standardabweichung / Risiko der risikolosen Geldanlage P |
| $\alpha$ | Anteil, welcher in risikobehaftete Anlagen investiert wird |
| $1-\alpha$ | Anteil, welcher in risikolose Anlagen investiert wird |
| $\emptyset$ | dominante Kombination |

## 1. Einleitung

Das Capital Asset Pricing Model (CAPM) versucht basierend auf den klassischen Ansätzen von Markowitz und Tobin den Zusammenhang zwischen dem Preis einer Anlage und ihrem Risiko herzustellen. Es stellt einen Ansatz dar, ein Gleichgewichtsmodell für Anlagepreise unter Risikoeinfluss zu erklären.[1] Im folgenden II. Kapitel wird auf die grundlegende Methodik des CAPM näher eingegangen und dabei dessen Annahmen und Aufbau näher erläutert. In Teil III der Literaturarbeit wird dargestellt welchen Einfluss die Unternehmenssteuerreform 2008 auf die Unternehmensbewertung, insbesondere an Hand des CAPM, hat.

## 2. Grundannahmen und Methodik des CAPM

### 2.1 Präferenzfunktion des Investors

Jeder Anleger definiert vor einer Entscheidung sein Vermögen zu investieren genaue Ziele, welche seinen individuellen Nutzen maximieren sollen.

Dieser Nutzen U einer Anlage für den Investor zeichnet sich durch zwei Parameter aus: der erwarteten Rendite $E_R$, welcher von der Anlage antizipiert wird, und dem daraus resultierenden Risiko, gemessen an der Standardabweichung $\sigma_R$, welches sich daraus ergibt. Der individuelle Nutzen einer Anlage g wird somit wie folgt dargestellt:

$$U = g (E_R, \sigma_R)$$

Der Anleger reagiert bei seinen Entscheidungen immer rational und risikoavers, d. h. er präferiert ein Investment mit geringerem $\sigma_R$ bei gleichem $E_R$. Eine Geldanlage wird unter diesen Prämissen getätigt und somit der individuelle Nutzen des Individuums maximiert.[2]

### 2.2 Anlagemöglichkeitenkurve

Alle Anlagemöglichkeiten des Investors können durch $E_R$, $\sigma_R$ – Kombinationen in Abb. 1 dargestellt werden. Bei der Suche nach dem optimalen Investment werden primär alle ineffizienten Anlagemischungen ausgeschlossen und nur noch effiziente Anlagen betrachtet (vgl. Abb. 1 Punkte: AFBDCX)- dies stellt zugleich die Kurve aller effizienten Anlagemöglichkeiten dar; der rational handelnde Investor entscheidet sich immer für ein Investment auf dieser Kurve, da sämtliche Punkte auf

[1] Vgl. Sharp, W. (1964), S. 427.
[2] Vgl. Sharp, W. (1964), S. 428.

dieser die graue Fläche (andere Anlagemöglichkeiten) dominieren und auch effizient sind.

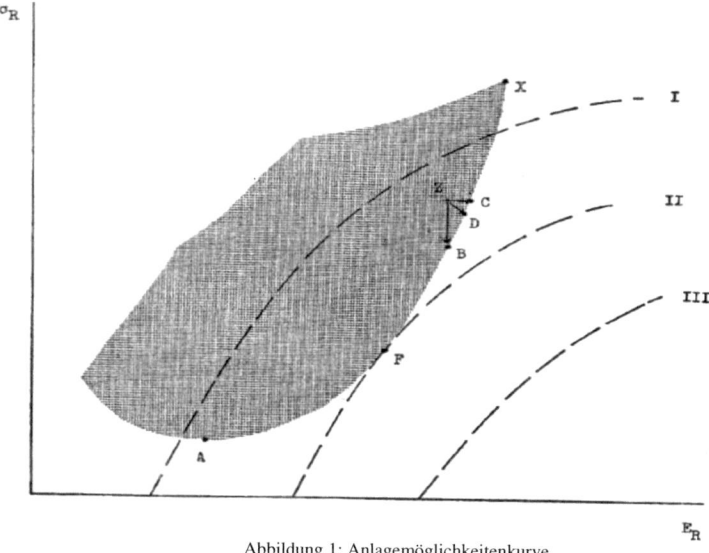

Abbildung 1: Anlagemöglichkeitenkurve

Eine Kombination aus verschiedenen Investments gilt dann als effizient und dominant, wenn es:

(1) keine weiteren Kombinationen gibt, welche bei gleichem $\sigma_R$ ein höheres $E_R$ implizieren

(2) keine weitere Kombinationen gibt, welche bei gleichem $\sigma_R$ einen höheres $E_R$ hervorrufen

(3) kein höheres $E_R$ bei kleinerem $\sigma_R$ gibt.

Punkt F stellt in Abb. 1 den optimalen Punkt für den Anleger II dar, da dort die Indifferenzkurve des Anlegers II gleich der Anlagemöglichkeitenkurve ist, und somit der individuelle Nutzen maximal ist.[3]

## 2.3 Risikoloser Marktzinssatz

Neben den risikobehafteten Geldanlagen wie z. B. A in Abb. 2 gibt es im CAPM auch die Möglichkeit sein Vermögen in risikolose Geldanlagen P zu einem festen risikolosen Zinssatz i anzulegen, welcher gleichzeitig die Rendite $E_{Rp}$ dieses Investments darstellt. Somit kann ein Teil des Vermögens $(1-\alpha)$ in risikobehaftete Anlagen und der übrigen Teil $\alpha$ in risikolose Anlagen investiert werden. Da P kein

---

[3] Vgl. Sharp, W. (1964), S. 429.

Risiko besitzt ist auch $\sigma_{Rp} = 0$, somit liegen alle möglichen Anlagekombinationen von P und einer risikobehafteten Anlage A auf einer Geraden PA, da das Gesamtrisiko der Mischung aus P und A nur noch von dem Risiko $(1-\alpha)\sigma_{Ra}$ abhängig ist. Der Anleger kann auch Vermögen zum Zinssatz i verleihen. So kann er z. B. alle $E_R$ und $\sigma_R$ Kombinationen auf der Gerade PA in Abb. 2 erreichen, wenn Kapital zum Zinssatz i verliehen wird und Teile des Vermögens in Anlage A investiert werden um so sein Risiko zu minimieren.

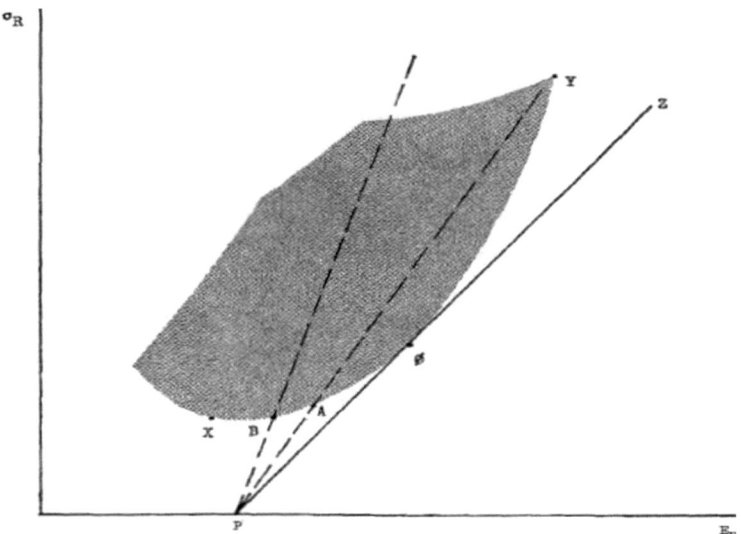

Abbildung 2: Risikoloser Marktzinssatz

Vice versa besteht auch die Möglichkeit Kapital zum risikolosen Zinssatz i auszuleihen und Punkte oberhalb A auf der Geraden PA zu erreichen. Der rationale Investor wird wie auch schon in Kapital 2.2 versuchen die dominante Kombination ø, durch die Aufnahme oder das Verleihen von Vermögen zum risikolosen Zinssatz i, zu erreichen.[4]

---

[4] Vgl. Sharp, W. (1964), S. 431-433.

## 2.4 Gleichgewicht auf dem Kapitalmarkt

In den vorangegangenen Abschnitten wurden bereits erste Grundlagen für das CAPM behandelt, jedoch sind noch weitere Grundannahmen zur Definition des Marktgleichgewichtes auf dem Kapitalmarkt notwendig:

(1) der allgemein verfügbare risikolose Zinssatz i ist bei allen Investoren bekannt und es kann zu gleichen Bedingungen Vermögen ent- bzw. verliehen werden und

(2) alle Anleger besitzen identische Erwartungen bzgl. $\sigma_R$ und $E_R$ und deren Korrelationskoeffizienten.[5]

Um ein Marktgleichgewicht zu erhalten ist es erforderlich, wie bereits in den vorangegangenen Kapiteln erwähnt, dass alle Investoren nur in effiziente Anlagekombinationen investieren, da alle anderen Möglichkeiten für den rationalen Anleger nicht in Betracht kommen. Die graue Fläche in Abb. 3 markiert dabei alle möglichen risikobehafteten Anlagen, welche aus oben angeführten Rationalitätsgründen nicht in Frage kommen.

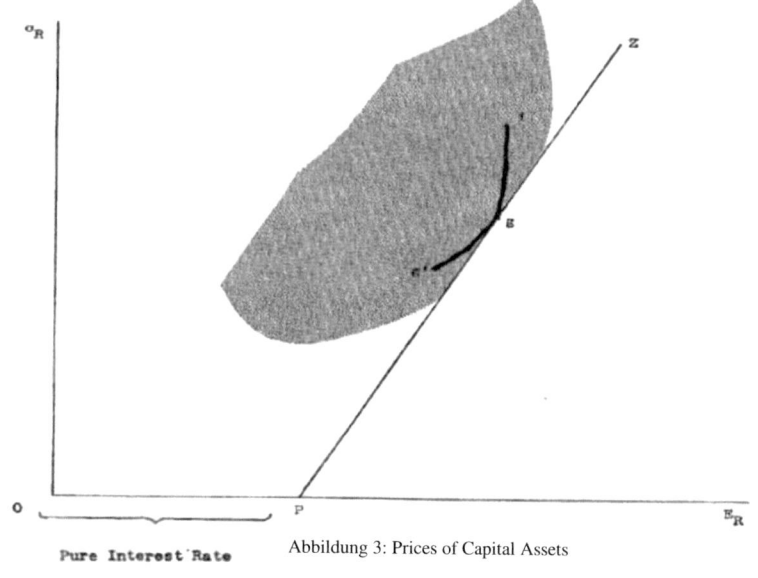

Abbildung 3: Prices of Capital Assets

Effiziente Möglichkeiten sind in Abb. 3 durch die Linie PZ, bzw. auch Kapitalmarktlinie (KML)[6] genannt, dargestellt.[7] Der Abschnitt zwischen der $\sigma_R$-Achse und P stellt die risikolose Rendite des Portfolios dar, welche durch ein

---

[5] Vgl. Sharp, W. (1964), S. 433-434.
[6] Vgl. Sharp, W. (1964), S. 437.
[7] Vgl. Sharp, W. (1964), S. 435.

Investment in risikofreie Anlagen erreicht wird. Mit der Option frei Geld aufzunehmen aber auch zu verleihen, kann der Investor jeden Punkt auf der Gerade PZ erreichen und somit, je nach Risikoaversion, höhere oder niedrigere Renditen erreichen.

Der Punkt i stellt in Abb. 3 die Anlage in eine einzige Kapitalanlage dar, während g die Anlage ins Marktportfolio g darstellt. g' markiert eine einzelne Anlage in g'. Die Kurve igg' tangiert die Kapitalmarktlinie, dabei ist g als Tangenspunkt die effiziente Anlage, welche von keiner anderen Anlagekombination dominiert wird. Alle Kurven, vergleichbar zu igg' müssen die KML tangieren um effizient zu sein, dies hat zur Folge, dass ein Zusammenhang zwischen $E_R$ und den verschiedenen Risikoelementen einer Anlage besteht.[8]

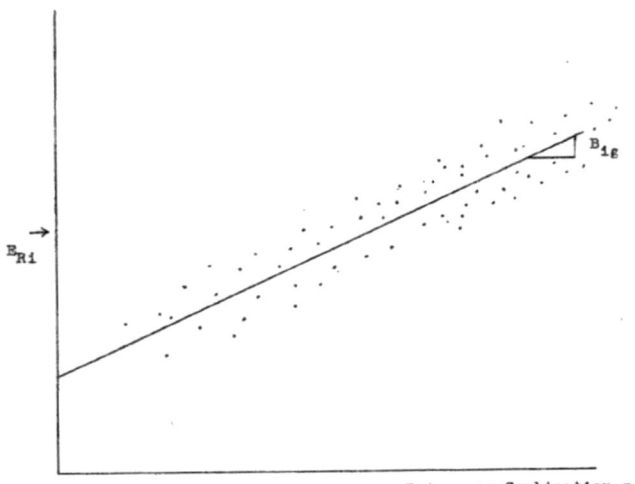

Abbildung 4 Return on Combination g

Abbildung 4 zeigt den Zusammenhang zwischen der Rendite aus der effizienten Anlagekombination g ($R_g$) und der Rendite der einzelnen Anlage i ($R_i$). Dabei stellt die Reaktion von $R_i$ auf eine Veränderung von $R_g$ das systematische Risiko der Anlage i dar, welches nicht durch Diversifikation im Portfolio ausgeschlossen werden kann.[9] $B_{ig}$ als Steigung der Geraden stellt dieses Risiko dar. Die perfekte Korrelation zwischen jeder effizienten Anlage gibt Aufschluss darüber, dass jedes systematische Risiko $B_{ig}$ einer weiteren Anlage, welche in die effiziente

[8] Vgl. Sharp, W. (1964), S. 436-438.
[9] Vgl. Sharp, W. (1964), S. 439.

Kombination g aufgenommen wird, vorhergesagt bzw. bestimmt werden kann. Abbildung 5 stellt dieses Risiko formal dar.[10]

$$B_{ig} = - \left[ \frac{P}{E_{Rg} - P} \right] + \left[ \frac{1}{E_{Rg} - P} \right] E_{Ri}$$

Abbildung 5: Formelabbildung für $B_{ig}$

Durch mathematische Umformung ergibt sich für die erwartete Rendite einer einzelnen Anlage unter Berücksichtigung des systematischen Risikos folgende Formeldarstellung:

$$E_{Ri} = P + \underbrace{[ E_{Rg} - P ] B_{ig}}_{\text{Marktrisikoprämie}}$$

Abbildung 6: Formelabbildung für die Marktrisikoprämie

Somit kann die erwartete Rendite $E_{Ri}$ einer Anlage, aber auch sein systematisches Risiko $B_{ig}$ im CAPM bestimmt werden; ausgeschlossen davon sind jedoch Risiken, die auf Grund konjunktureller Einflüsse auftreten ( z. B. Ölkrise, Bürgerkrieg).[11]

### 3. Die Auswirkungen des neuen Steuersystems auf das CAPM

### 3.1 Einfluss auf den Basiszinssatz

Vor der Steuerreform orientierte sich der Basiszinssatz bzw. risikolose Rendite P aus dem CAPM an den Renditen von risikofreien Anlagen auf dem Kapitalmarkt, d. h. an den Renditen von Staatsanleihen mit unterschiedlicher Laufzeit. Durch diese Renditen konnten Zinsstrukturkurven gebildet werden, welche auch den zukünftigen Verlauf des Zinses antizipieren.

Bedingt durch die Unternehmenssteuerreform unterliegen nun auch Erträge/Zinsen aus diesen risikofreien Anleihen der Abgeltungssteuer. Was zur Folge hat, dass bei unmittelbarer Typisierung, die risikolose Rendite P nach persönlicher Ertragssteuer um die dann geltende Abgeltungssteuer vermindert wird.[12]

---

[10]Vgl. Sharp, W. (1964), S. 438-441.
[11] Vgl. Sharp, W. (1964), S. 441-442.
[12] Vgl. Wagner, W./Saur, G./Willershausen, T. (2008), S. 737.

### 3.2 Auswirkungen auf die Marktrisikoprämie

Die Marktrisikoprämie als Produkt des systematischen Risikos $B_{ig}$ eines Unternehmens und der Differenz aus der erwarteten Rendite des Marktportfolios $E_{Rg}$ und der risikolosen Rendite P wird ebenfalls durch die Steuerreform 2008 beeinflusst. Wie bereits in 3.1 festgestellt, wird P an die neue Situation angepasst, aber auch $E_{Rg}$ wird nun angeglichen, da die Anteilseigner an Unternehmen versuchen durch höhere Renditeforderungen vor Steuern den steuerlichen Aufwand durch die Abgeltungsteuer zu kompensieren, was aber nur in begrenzter Höhe auf dem Kapitalmarkt durchsetzbar ist.[13] Durch diesen Sachverhalt ist zu erwarten, dass „die Marktrisikoprämie nach Steuern niedriger als die Marktrisikoprämie vor Steuern ist".[14]

Die Einwirkungen der Steuerreform auf die Vor- bzw. Nachsteuerrenditen sind demnach zu berücksichtigen, jedoch nur in einem geringen Umfang, da die geforderten Renditen nicht vollkommen auf dem Kapitalmarkt durchgesetzt werden können.[15]

### 4. Zusammenfassung

An Hand der Literaturarbeit wurden die Grundlagen des CAPM dargestellt und erläutert wie basierend auf dem Modell das nicht zu diversifizierende Risiko einer Anlage und die Rendite des Investments berechnet werden kann.

Im zweiten Abschnitt wurde auf die Auswirkungen der Steuerreform 2008 eingegangen und festgestellt, dass der Basiszinssatz, aber auch die Marktrisikoprämie auf Grund der Steuern beeinflusst wird. Dies hat zur Folge, dass dieser Einfluss in der Bewertung von Unternehmen, an Hand des CAPM, in der Zukunft berücksichtigt werden muss.

---

[13] Vgl. Wagner, W./Saur, G./Willershausen, T. (2008), S. 741.

[14] Vgl. Wagner, W./Saur, G./Willershausen, T. (2008), S. 741.

[15] Vgl. Wagner, W./Saur, G./Willershausen, T. (2008), S. 747.

# Literaturverzeichnis

Gröger, Hans-Christian (2009): Kapitalmarktorientierte Unternehmensbewertung, Gabler 2009.

Sharp, W. (1964): Capital Asset Prices: a theory of market equilibrium under conditions of risk, in Journal of Finance, Jg. Sep. 1964, Vol. 19 Issue 3, S. 425-442.

Wagner, W./Saur, G./Willershausen, T. (2008): Zur Anwendung der Neuerungen der Unternehmensbewertungsgrundsätze des IDW S 1 i. d. F. 2008 in der Praxis, in Die Wirtschaftsprüfung, Jg. 2008, Nr.16, S. 731-747.